Wilhelm Busch

Die Erkenntnistheorie des Friedrich Heinrich Jacobi

Wilhelm Busch

Die Erkenntnistheorie des Friedrich Heinrich Jacobi

ISBN/EAN: 9783743413160

Hergestellt in Europa, USA, Kanada, Australien, Japan

Cover: Foto ©Thomas Meinert / pixelio.de

Manufactured and distributed by brebook publishing software (www.brebook.com)

Wilhelm Busch

Die Erkenntnistheorie des Friedrich Heinrich Jacobi

Die Erkenntnistheorie

des

Friedrich Heinrich Jacobi

aus seinen gesamten Werken im Zusammenhang dargelegt.

Inaugural-Dissertation

zur

Erlangung der akademischen Doktorwürde

der

hochwürdigen philosophischen Fakultät

der

Universität Erlangen

vorgelegt von

Wilhelm Busch.

Karlsruhe.
Buchdruckerei von J. J. Reiff.
1892.

Friedrich Heinrich Jacobi wird in Ueberweg's „Grundriss der Geschichte der Philosophie" der Glaubensphilosoph genannt, der mit vielseitiger Empfänglichkeit und mit kritischem Blick begabt, aber zu eigener Systembildung weder befähigt, noch geneigt ist. Jacobi selbst bestätigt diese Aussage, wenn er bekennt: „Nie war es mein Zweck, ein System für die Schule aufzustellen; meine Schriften gingen hervor aus meinem innersten Leben; sie erhielten eine geschichtliche Folge, ich machte sie gewissermassen nicht selbst, nicht beliebig, sondern fortgezogen von einer höheren, mir unwiderstehlichen Gewalt." Seiner Individualität nach, die sich in allen seinen Schriften klar und scharf accentuiert ausspricht, musste er allen seinen philosophischen, überhaupt allen seinen gebildeten Zeitgenossen, dem „tintenklecksenden Sæculum", dem streng schematisch durchgeführte Systembildung ein und alles war, als ein Unphilosoph erscheinen, dem in der Zunft der Denker und Philosophen der Eintritt verwehrt wurde. Und in der That, einer Philosophie, die nur ein Wissen von Begriffen sein will, musste sein System, das er allerdings in keiner seiner Schriften im Zusammenhang dargestellt hat, und dem es auch — wie wir vielleicht zugeben müssen — in manchen Punkten an der nötigen Klarheit mangelt, unverständlich bleiben. Wir verstehen eben seine ratio philosophandi nur als Reaktion und Opposition gegen das Philosophieren seiner Zeit.

Jacobi's Philosophie — *Reaktion* und *Opposition* gegen die deutsche Aufklärung und deren Tochter, die Popularphilosophie. Dagegen musste in Deutschland eine Reaktion kommen. „Es wäre um die deutsche Bildung recht traurig bestellt gewesen, wenn sie auf diese Popularphilosophie, welche sich für ihren Inbegriff hielt und ausgab, wirklich beshränkt. geblieben wäre." (Windelband, Die Geschichte der neueren Philosophie, pag. 569 f.) Wenn dieselbe auch als eifrige Verfechterin des gesunden Menschenverstandes in die Schranken trat, so war sie doch nur ein sehr seichtes und wässeriges Konglomerat von Rationalismus Wolff'scher Schule und Empirismus, dem man besonders in der Psychologie das Wort redete. Man wollte das ganze All, vor allem das Seelenleben des Menschen gleich einer Blume in Fasern zerpflücken, auflösen und Stück für Stück begriffsmässig darthun. Nicht *ein* Prinzip der Spekulation wurde als konstituierendes Fundament festgehalten, sondern verschiedene Elemente aus verschiedener Philosophen Systemen wurden zusammengeschweisst zu einem System, und dieses System des Eklektizismus setzte sich nun auf den Thron, stand als Herrscher über den Erscheinungen; ihm musste schlechterdings alles ein- und untergeordnet werden. Die selbstgemachten, subjektiv erdachten Erkenntnisresultate wurden der Natur als objektive aufgedrungen. Die höchste Subjektivität hüllte sich in den Mantel der Objektivität. Die erkennende, urteilende und schliessende Vernunft, sie ist die kompetente Richterin über alle Fragen und Probleme, die der Mensch zu lösen hat, und mit apodiktischer Gewissheit stellt die Vernunfterkenntnis ihre Resultate auf. Ihre *Aufgabe* sieht sie im *Beweisen*, ihr *Ziel* ist *begriffliche Klarheit*. Die ganze deutsche Bildung war eine Zeit lang von dieser alles gleich machenden Richtung beherrscht.

Aber „während mit der Bildung die Philosophie sich gewissermassen im Sande verlief, sprudelten im deutschen Volksgeiste urkräftige und frische Quellen empor. Sie bahnten sich ihren Weg zuerst in der Dichtung, und es ist eine merkwürdige Coincidentia oppositorum, dass zur selben Zeit, wo die kühle Verständigkeit sich die Herrschaft über die Litteratur anmasste, in der deutschen *Poesie* jene Stürmer und Dränger auftauchten, welche alle Regeln über den Haufen warfen und der Schule gegenüber das Recht der Genialität proklamierten. Wenn die Philosophie eine trockene, vernünftige Moral lehrte, so verkündigten sie das Evangelium der Sinnlichkeit. Wenn die Philosophie alles begriffen und klar gemacht zu haben glaubte, so wühlten sie in den Geheimnissen der Seele und in den Nachtseiten des Weltlebens. Wenn die Philosophie in ihrer Ueberschätzung der allgemeinen Prinzipien keinen Sinn für das Einzelwesen hatte und in ihrer Beurteilung alle Zeiten, alle Bildungsstufen über einen Kamm schor, so predigten sie das Recht der Individualität. Mit genialem Uebermut warfen sie zwischen das glatte und elegante Räsonnement der Aufklärer die kühnen Ausgeburten einer ungezügelten Phantasie." (Windelband, Die Geschichte der neueren Philosophie, pag. 570.) Das dichterische Individuum protestierte laut gegen die alles nivellierende Philosophie.

Aber auch die *Philosophie* selbst erhebt sich gegen die Anmassungen einer zunftmässigen Philosophengenossenschaft. Zunächst ist es Hamann, der als erster Glaubens- und Gefühlsphilosoph die Rechte des fühlenden und glaubenden Individuums verteidigt, ein Sonderling in der Form seines Denkens, ein Geistesheros an Gedankenfülle und Gedankentiefe. Klarer als er und auch wohl systematischer, dem Inhalt, wenn auch nicht der Form nach, proklamiert Jacobi die Prätensionen des Glaubens. Die ganze Leidenschaft seines individuellen Gefühls wendet sich gegen die Philosophie seiner Zeit. „Das Geschrei dieser Männer zum Lobe und zum Schutze der Vernunft mag zum Teil ganz unschuldig sein. Sie glauben in der That, dass ihre Meinung die Vernunft und die Vernunft ihre Meinung sei. Schwärmer soll man sie darum nicht nennen, da Schwärmerei nur übertriebener Enthusiasmus ist, dieser aber einen wahren Gegenstand voraussetzt. Der Begeisterte für einen nicht wahren Gegenstand, für ein Unwesen heisst nicht Schwärmer, sondern Phantast. Und das ist der eigentliche Name für dies Geschlecht: sie sind Phantasten. Geschieht es aber, dass der Eifer für ein Hirngespinst bis zur Predigt seiner Wahrheit und seiner Wunder, ja seiner allein selig machenden Religion den Eiferer entflammt, dann heisst seine Gabe Fanatismus. „An ihren Früchten sollt ihr sie erkennen." Hätten diese Männer Einsicht in das Wesen der Vernunft, wie könnten sie jene Aengstlichkeiten des Aberglaubens fühlen, die nächst der Eitelkeit und Selbstsucht die unmittelbaren Ursachen der Intoleranz und der Verfolgung sind? Hätten sie die Liebe der Vernunft, wie könnten sie in ihren engen Tempel sie vermauern, ihrer Hohenpriesterschaft sie unterwerfen wollen? Aber sie ist ihnen nur das Bild des Götzen, dem sie opfern; in jeder andern Gestalt ein Gräuel, und sie selbst schlagen sie an's Kreuz. Die Ursache dieses schrecklichen Irrsals ist, dass sie eine Wahrheit, die ihnen subjektiv nur vorschwebt, für eine objektiv erkannte, ja für die einzige halten, und mit der Vernunft sogar verwechseln; oder, wie ich oben sagte und gern wiederhole: dass sie ihre Meinung für die Vernunft und die Vernunft für ihre Meinung halten. Wahrlich, sie sind die Leute, die die Vernunft am Glauben prüfen, darnach allein sie zu- oder absprechen; ausserdem von ihr nichts wissen, und sich nicht bekümmern um ihr Wesen, noch um ihren Willen. Da erhebt sich dann mittelst einer solchen hypostasierten Wahrheit das angenommene oder eigene System über alle Gerechtigkeit und der Eigendünkel spricht Orakel aus, die alles meistern und von nichts gemeistert werden dürfen, die den Geist in Fesseln schlagen und das Gewissen irre leiten und verführen" (Jacobi, Wider Mendelsohns Beschuldigungen in dessen Schreiben an die Freunde Lessings. Band IV², pag. 268 ff.)

So wendet er, der sich selbst einen Philosophen von „Profession" nennt, gegen die Modephilosophie und geht seinen eigenen Gedankengang, der ihn vom unterscheidenden diskursiven Denken weg zur Anschauung, Erfahrung und Offenbarung als zu den Quellen unserer Gewissheit führt. Und wenn er auch aufrichtig verehrend zu dem Königsberger Denker Kant hinaufschaut, der ja doch, obgleich auf gleichem Boden mit den Aufklärungsphilosophen stehend, dadurch, dass er sich bekennt zu ihrem Wahlspruch: „Habe Mut, dich deines eigenen Verstandes zu bedienen," trotzdem „wie ein Riese neben einem Geschlechte von Zwergen steht, ein Wissender, der aus Grundsätzen entscheidet, neben Meinenden, welche Resultate zusammenlöten, ein methodischer Systematiker neben wohlgesinnten aber ohnmächtigen Eklektikern", wenn er auch vieles an dem wohlfundamentierten Gebäude des Kant'schen Kritizismus und transcendentalen Idealismus als wahr annimmt, so ist er doch entschiedener Gegner der Begriffsphilosophie in jenem System, das ihn trotz allen seinen Vorzügen niemals zum letzten Ziel alles philosophierenden Denkens, zu Gott führen kann, so führen kann, dass das menschliche Gemüt die göttliche Welt des Uebersinnlichen sein eigen nennen könnte. Weil keines von allen philosophischen Systemen ihn realiter über die Schranken der Erscheinungswelt hinausführen kann, so schliesst er sich dem Nachbar Kants, dem Magus des Nordens, an und greift an der Seite Hamanns in seiner anschauenden Vernunft durch den Glauben in das Reich des Uebersinnlichen hinein, durch den Glauben, der Gott selbst vernimmt, erfasst und schaut. Das Individuum hat thatsächlich das Recht und auch das Vermögen, *alle* Erkenntnisobjekte, seien sie sinnlicher oder übersinnlicher Qualität, im Glauben zu erfassen: das ist es, was Jacobi dem Individuum als sein Recht vindiziert all den vulgären Anschauungen zum Trotz, die zu seiner Zeit im Grossen und Ganzen die Philosophie beherrschten.

Doch dürfen wir wohl bei der Beurteilung seiner Philosophie auch ein persönliches Moment nicht vergessen, das ihn auf die ihm eigene Bahn des Philosophierens brachte. War es seine *Zeit*, die ihn zwang, *materiell* der Philosophie der Mitwelt zu opponieren, so war es seine *Persönlichkeit*, die ihn hinderte, *formell* sich der gewöhnlichen Art der Philosophen unterzuordnen. Er ist kein Mann des Schematismus, kein Mann des geschlossenen Denkens und der logischen Akribie, und daher kommt es wohl, dass ihm von verschiedenen Seiten der Vorwurf einer verflossenen unklaren Weichlichkeit gemacht werden durfte. Sollten sich nicht in seinen Lebensführungen hiefür Gründe finden lassen, die es erklären, warum wir bei ihm eine formelle Durchbildung seiner Weltanschauung vermissen? Von dem Beginn seiner Studien an bei dem für ihn einflussreichen Physiker Lesage in Genf, der es sicherlich verstand, seinem Schüler die Augen zu öffnen für die Mannigfaltigkeit der Erscheinungswelt, bis zum Ende seiner Laufbahn, die er als Präsident der Akademie der Wissenschaften in München beschloss, wo er naturgemäss mit allen Koryphäen der Wissenschaft Fühlung gewinnen musste, diese ganze lange Zeit hindurch hatte ihn sein reich bewegtes Leben in mannigfacher Weise mit Philosophen und philosophischen Systemen verschiedenster Richtung und Färbung zusammengeführt. Wenn ihm nun seine vielseitigen Berufsarbeiten, seine Kränklichkeit, der oftmalige Wechsel seines Aufenthaltsortes hinderlich waren, seine Ansichten jenen gegenüber vollständig auszubilden und schematisch durchgebildet darzulegen in fertigem System, so trieb ihn doch sein klarer Blick und seine reiche, kritische Begabung dazu, sich mit allen Systemen, die ihm begegneten, gelegentlich auseinanderzusetzen, und deswegen sind wir darauf angewiesen, aus diesen gelegentlichen Auseinandersetzungen sein System zu eruieren.

Die ganze geschilderte Eigenart seines Philosophierens prägt sich am meisten in der Fundamentierung seiner Philosophie, seiner Erkenntnistheorie aus, deren Darlegung unser Zweck ist.

„Das Element aller menschlichen Erkenntnis ist Glaube." (Jacobi, Ueber die Lehre des Spinoza, Band IV[1], pag. 223.) Diese These führt uns mitten hinein in die Grundlage der Jacobi'schen Erkenntnistheorie. Auf den Glauben ist jede Erkenntnis angewiesen; durch den Glauben ist es aber auch möglich, und zwar durch ihn allein, die Frage: „Giebt es eine Erkenntnis?" unbedingt zu bejahen. Und zwar giebt es eine doppelte Erkenntnis, eine Erkenntnis des Sinnlichen und eine Erkenntnis des Uebersinnlichen, demgemäss auch ein doppeltes Erkenntnisvermögen. „Wir bestehen auf der Annahme zweier verschiedener Wahrnehmungsvermögen; eines Wahrnehmungsvermögens durch sichtbare und greifbare, mithin körperliche Wahrnehmungswerkzeuge, und eines andern, durch ein unsichtbares, dem äusseren Sinne auf keine Weise sich darstellendes Organ, dessen Dasein uns allein kund wird durch Gefühle." (Jacobi, Vorrede zu „David Hume über den Glauben, oder Idealismus und Realismus." Band II, pag. 74.)

Der *Erscheinungswelt*, der *Natur* gegenüber sind wir also ausgerüstet mit den *Sinneswerkzeugen*, und durch die *Sinneswahrnehmung* ist uns die Erkenntnis der sichtbaren Welt, der Sinnendinge ermöglicht, eine Erkenntnis, die nicht nur darin besteht, dass „der Mensch durch seine Sinne nur Vorstellungen erhält, die sich auf von diesen Vorstellungen unabhängig und an sich vorhandene Gegenstände wohl beziehen mögen, durchaus aber nichts von dem enthalten, was den von den Vorstellungen unabhängig vorhandenen Gegenständen selbst zukommt," sondern eine Erkenntnis, „die Wahrnehmung im strengsten Wortverstande ist, deren Wirklichkeit und Wahrhaftigkeit, obgleich ein unbegreifliches Wunder, dennoch schlechthin angenommen werden muss " (Jacobi, Vorrede zu „David Hume über den Glauben, oder Idealismus und Realismus." Band II, pag. 34.)

Sinneswahrnehmung fasst also Jacobi im engsten Sinne dieses Wortes, ganz abweichend von den meisten andern Philosophen seiner Zeit. Wie kommt Sinneswahrnehmung zustande? Durch unmittelbare *Anschauung*, durch unmittelbare Affizierung der Sinneswerkzeuge; erst auf Grund dieser Affizierung werden Bilder, Copien der Sinnendinge in der Seele hervorgerufen und so erhalten wir auf diesem Wege Vorstellungen der Erscheinungen. „Der sinnlichen Anschauung entgegen gilt keine Demonstration, indem alles Demonstrieren nur ein Zurückführen des Begriffes auf die ihn bewährende (empirische oder reine) sinnliche Anschauung ist. Diese ist in Beziehung auf Naturerkenntnis das Erste und Letzte, das unbedingt Geltende, das Absolute." (Jacobi, Vorrede zu „David Hume über den Glauben, oder Idealismus und Realismus." Band II. pag. 59.)

Wir gewinnen durch Anschauung Vorstellungen von sinnlichen, ausser uns daseienden Objekten. Womit begründen wir die objektive *Gültigkeit* und Wahrheit unserer Sinneswahrnehmung? Wenn die Philosophie, wie im allgemeinen, so auch hier in diesem Falle für das reale, von unsern Vorstellungen unabhängige Dasein von Objekten, die unsere Sinneswerkzeuge affizieren, stringente Beweise verlangt, so verzichtet Jacobi darauf und sucht nachzuweisen, dass uns die Sinneswahrnehmung ganz unmittelbar vom Dasein der Erscheinungswelt überzeugt. Hören wir ihn selbst in seinem schon mehrfach von uns citierten Gespräch „David Hume über den Glauben, oder Idealismus und Realismus": „*Ich:* So antworten Sie mir denn: Glauben Sie, dass ich gegenwärtig hier vor Ihnen sitze und mit Ihnen rede? *Er*: Das glaube ich nicht bloss, das weiss ich *Ich:* Woher wissen Sie das? *Er:* Weil ich es empfinde. *Ich:* Sie empfinden, dass ich hier vor Ihnen sitze und mit Ihnen spreche? Das ist mir ganz unverständlich. Was? Ich, wie ich hier sitze, hier mit Ihnen spreche, bin Ihnen eine Empfindung? *Er*: Sie sind meine Empfindung nicht, sondern die äussere Ursache meiner Empfindung. Die Empfindung, verknüpft mit ihrer Ursache, giebt mir diejenige Vorstellung, die ich „Sie" nenne. *Ich:* Also empfinden Sie eine Ursache als Ursache? Sie werden eine Empfindung gewahr und in dieser Empfindung eine andere Empfindung, durch die Sie empfinden, dass diese Empfindung die Ursache von jener Empfindung ist; und das macht zusammen eine Vorstellung aus, eine Vorstellung, die ein Etwas enthält, welches Sie den Gegenstand nennen. Noch einmal, ich begreife von dem allem nichts. Und dann sagen Sie mir nur, woher Sie wissen, dass die Empfindung einer Ursache als Ursache die Empfindung einer äusserlichen Ursache, eines wirklichen Gegenstandes ausser Ihrer Empfindung ist. *Er:* Das weiss ich zufolge der sinnlichen Evidenz; die Gewissheit, die ich davon habe, ist eine unmittelbare Gewissheit, wie die von meinem eigenen Dasein *Ich:* Sie haben mich zum Besten! So kann der Philosoph aus der Kantischen Schule, der bloss empirische Realist, wohl sprechen, aber kein eigentlicher Realist, wie Sie doch sein wollen. Die *Gültigkeit* der sinnlichen Evidenz ist ja gerade das, wovon die Frage ist. Dass nur Dinge als ausser uns erscheinen, bedarf freilich keines Beweises. Dass aber diese Dinge dennoch nicht blosse Erscheinungen in uns, nicht blosse Bestimmungen unseres eigenen Selbstes, und folglich als Vorstellungen von etwas ausser uns, gar nichts sind, sondern dass sie, als Vorstellungen in uns, sich auf wirklich äusserliche, an sich vorhandene Wesen beziehen, und von ihnen genommen sind: Dawider lassen sich nicht allein Zweifel erregen, sondern es ist auch häufig dargethan worden, dass diese Zweifel durch Vernunftgründe im strengsten Verstande nicht gehoben werden können. Ihre unmittelbare Gewissheit der äusseren Gegenstände wäre also nach der Analogie meines Glaubens eine blinde Gewissheit." (Jacobi, Band II, pag. 141 ff.)

So erfasst die anschauende Sinneswahrnehmung ihre Objekte in der Erscheinungswelt, und die den äusseren Sinnen sich offenbarende Wirklichkeit bedarf keines Bürgen, indem sie selbst der kräftigste Vertreter ihrer Wahrheit ist. Dieses letztere, was dem denkenden Verstande paradox erscheinen will, wird uns bewährt durch die Empfindung. Damit ist die subjektive Empfindung zur obersten Autorität erhoben. „Wenn jemand spricht, er wisse, so fragen wir mit Recht, woher er wisse. Unvermeidlich muss er dann am Ende auf eins von diesen beiden sich berufen: entweder auf Sinnes-Empfindung oder auf Geistes-Gefühl. Von dem, was wir wissen aus Geistes-Gefühl, sagen wir, dass wir es glauben. So reden wir alle. An Tugend, mithin an Freiheit, mithin an Geist und Gott kann nur geglaubt werden. Die Empfindung aber, die das Wissen in der sinnlichen Anschauung, genannt das eigentliche Wissen, begründet, ist so wenig über dem Gefühle, welches das Wissen im Glauben begründet, als die Tiergattung über der Menschengattung, die materielle Welt über der intellektuellen, die Natur über ihrem Urheber ist." (Jacobi, Vorrede zu David Hume über den Glauben, oder Idealismus und Realismus, Band II, pag. 60.)

Sinnes-*Empfindung*, die die Gültigkeit und die Realität des Wissens in der sinnlichen Anschauung begründet, ist also die Autorität, die apriorische Grösse, die wir *glauben* müssen. So stellt sich die Sinneswahrnehmung, die eine unserer Erkenntnisquellen, in tertiärer Linie als ein *Organ* des *Glaubens* heraus. Der Glaube an die Realität der Sinnendinge ist ja allerdings etwas anderes, als das, was der gewöhnliche Sprachgebrauch unter dem Namen „Glauben" versteht, und doch können wir das Vertrauen zu der Wahrheit unserer Sinneswahrnehmungen nicht besser bezeichnen, als mit dem Worte „Glauben". „Es scheint unleugbar, dass die Menschen durch einen angeborenen Trieb oder eine Grundbeschaffenheit ihres Wesens genötigt werden, ihren Sinnen zu glauben, und dass wir ohne Vernunftschlüsse, ja selbst vor allem Gebrauch der Vernunft, eine äussere Welt beständig voraussetzen, die von unserer Wahrnehmung unabhängig ist, und auch alsdann noch bestehen würde, wenn auch wir und alle andern empfindenden Wesen nicht mehr darin gegenwärtig oder ganz vernichtet wären. Selbst das Tiergeschlecht steht unter der Herrschaft dieser Meinung und bleibt dem Glauben an äussere Gegenstände in allen seinen Gedanken, Absichten und Handlungen getreu." „Von dieser Tafel hier, die wir nach dem Gefühle hart, nach dem Gesichte weiss nennen, *glauben* wir, dass sie wirklich vorhanden sei; vorhanden unabhängig von unserer Empfindung, und als etwas ausser dem empfindenden Wesen, welches ihre Vorstellung hat." (Jacobi, David Hume über den Glauben, oder Idealismus und Realismus. Band II, pag. 152 ff.) Sind wir so auch auf dem Gebiete der Sinneswahrnehmung auf den Glauben angewiesen, so ist die ganze Erkenntnis der Aussenwelt für uns nichts anderes, als *Offenbarung*. „Wir sagen ja gewöhnlich im Deutschen, dass die Gegenstände sich uns durch die Sinne offenbaren. Ebenso drückt man sich im Französischen, Englischen, Lateinischen und mehreren andern Sprachen aus. Der entschiedene Realist, der auf das Zeugnis seiner Sinne äussere Dinge unbezweifelt annimmt, diese Gewissheit als eine ursprüngliche Ueberzeugung betrachtet, und nicht anders denken kann, als dass auf diese Grunderfahrung aller Verstandesgebrauch zur Erkenntnis der Aussenwelt sich gründen muss, — ein solcher entschiedener Realist, wie soll er das Mittel benennen, wodurch ihm die Gewissheit äusserer Gegenstände, als von seiner Vorstellung derselben unabhängig daseiende Dinge zuteil wird? Er hat nichts, worauf sein Urteil sich stützen könnte, als die Sache selbst, nichts, als das Faktum, dass die Dinge wirklich vor ihm stehen. Kann er sich mit einem schicklicheren Worte, als mit dem Worte Offenbarung hierüber ausdrücken; ist nicht hier vielmehr die Wurzel dieses Wortes und die Quelle seines Gebrauchs zu suchen?"

„Dass diese *Offenbarung* eine wahrhaft wunderbare genannt zu werden verdiene, folgt von selbst. Denn wenn man die Gründe für den Satz, dass unser Bewusstsein schlechterdings nichts anderes, als blosse Bestimmungen unseres eigenen Selbstes zum Inhalt haben könne, gehörig ausführt, so steht der Idealismus als mit der spekulativen Vernunft allein verträglich in seiner ganzen Stärke da. Bleibt nun der Realist demohnerachtet ein Realist und behält den Glauben, dass z. B. dieses hier, was wir einen Tisch nennen, keine blosse Empfindung, kein bloss in uns selbst befindliches Wesen, sondern ein von unserer Vorstellung unabhängiges Wesen ausser uns sei, das von uns nur wahrgenommen wird: so darf ich kühn nach einem schicklicheren Beiwort für die Offenbarung fragen, deren er sich rühmt, indem er behauptet, dass seinem Bewusstsein sich etwas ausser ihm darstelle. Wir haben ja für das Dasein an sich eines solchen Dinges ausser uns gar keinen Beweis, als das Dasein dieses Dinges selbst, und müssen es schlechterdings unbegreiflich finden, dass wir ein solches Dasein gewahr werden können. Nun behaupten wir aber, wie gesagt, demohnerachtet, dass wir es gewahr werden; behaupten mit der vollkommensten Ueberzeugung, dass Dinge wirklich ausser uns vorhanden sind, dass unsere Vorstellungen und Begriffe sich nach diesen Dingen, die wir vor uns haben, und nicht umgekehrt, dass die Dinge, die wir vor uns zu haben nur wähnen, sich nach unsern Vorstellungen und Begriffen bilden. Ich frage: worauf stützt sich diese Ueberzeugung? In der That auf nichts, als geradezu auf eine Offenbarung, die wir nicht anders als eine wahrhaft wunderbare nennen können." (Jacobi, David Hume über den Glauben, oder Idealismus und Realismus, Band II, pag. 164 ff.)

Wir erhalten durch unsere Sinne Vorstellungen von der Erscheinungswelt, Vorstellungen, denen in der Erscheinungswelt reale Objekte entsprechen. Wie unterscheiden sich nun die Vorstellungen, die wir von den Dingen haben, von ihren Objekten selber? Sie sind *Copien* der unmittelbar wahrgenommenen Gegenstände, Copien, die alle Beschaffenheiten der objektiven Gegenstände an sich tragen, nur das Wirkliche selbst nicht enthalten. „Alle Vorstellungen von Gegenständen ausser uns sind Copien der unmittelbar von uns wahrgenommenen, wirklichen Dinge, oder sind aus Teilen derselben zusammengesetzt, kurz: blosse, den wirklichen Dingen nachgemachte Wesen, die ohne dieselben auf keine Weise da sein können." „Aber auch darin sind wir, meine ich, übereingekommen, dass diese nachgemachten Wesen von wirklichen Wesen nur durch Vergleichung mit dem Wirklichen selbst unterschieden werden können." „In der Wahrnehmung des Wirklichen muss etwas sein, was in den blossen Vorstellungen nicht ist, sonst könnte beides nicht voneinander unterschieden werden. Nun betrifft aber dieser Unterschied gerade das *Wirkliche* und sonst gar nichts. Also kann in der blossen Vorstellung das Wirkliche selbst, die Objektivität, nie dargestellt werden." (Jacobi, David Hume über den Glauben, oder Idealismus und Realismus, Band II, pag. 231 ff.)

Wie der Vorgang zu erklären ist, dass wir etwas empfinden, wahrnehmen und vorstellen, wie es möglich ist, dass durch Affektion der Sinneswerkzeuge in der Seele Empfindungen, Wahrnehmungen und Vorstellungen wachgerufen werden, darüber giebt uns Jacobi keine Aufklärung. Das lässt sich auch seiner Ansicht nach nicht erklären und erläutern. „Wir bekennen frei und ungedrungen, dass wir nicht begreifen, wie es zugehe, dass wir vermöge einer blossen Rührung und Bewegung unserer Empfindungswerkzeuge nicht allein empfinden, sondern auch *etwas* empfinden; etwas von uns ganz Verschiedenes gewahr werden, und wahrnehmen; dass wir am allerwenigsten begreifen, wie wir uns selbst, und was zu unserem inneren Zustande gehört, unterscheiden und uns vorstellen können auf eine von aller Empfindung ganz verschiedene Weise. Aber es deucht uns weit zuverlässiger, uns hier auf einen ursprünglichen Instinkt, mit dem alle Erkenntnis der Wahrheit anfängt, zu berufen, als jenes Unbegreiflichen wegen zu behaupten, die Seele könne empfinden, und auf eine unendlich mannigfaltige Weise vorstellen — nicht sich selbst, noch auch andere Dinge, sondern solches einzig und allein, was weder sie selbst ist, noch was andere Dinge sind." (Jacobi, Allwills Briefsammlung, Band I, pag. 120 f.)

So öffnet sich durch Sinneswahrnehmung dem Menschen die Erkenntnis der realen Aussenwelt, der objektiven Sinnendinge. Die Thätigkeit der Sinneswahrnehmung ist eine unmittelbar anschauende. Durch die Sinneswerkzeuge erhalten wir Copien des Aeussern, der mannigfachen Dinge, das sind die Vorstellungen. Die Objekte der Sinneswahrnehmung sind die sinnlichen Dinge, die Welt des Natürlichen; die Dinge, die wir wahrnehmen, sind objektive Grössen, die auch an sich unabhängig von unsern Vorstellungen existieren. Die Wahrheit dieser Realität der Sinnendinge *glauben* wir, weil unsere Empfindung uns unmittelbar überzeugt, dass die Resultate der Sinneswahrnehmung unbedingt gültig und untrüglich sind. So ist die Erkenntnis der materiellen Aussenwelt zurückgeführt auf den Glauben; der Glaube aber stützt sich immer nur auf Offenbarung. So ist sogar die Sinneswahrnehmung, die Erkenntnis der materiellen Welt im letzten Grunde gestützt auf nichts anderes als — auf wunderbare Offenbarung.

Wie wir oben gesehen haben, kennt Jacobi nur zwei Wahrnehmungsvermögen, er unterscheidet nur zwischen Sinneswahrnehmung und Vernunftwahrnehmung. Welche Rolle weist Jacobi dem Verstande zu? Auch der *Verstand* findet in seiner Erkenntnistheorie seine Stelle.

Zunächst sind wir hier genötigt, eine formelle Bemerkung über den Gebrauch des Wortes „Verstand" vorauszuschicken. Wie wir wissen, hat sich Jacobi seine philosophischen Ansichten im Kampfe gegen anders Gesinnte erst erworben und nach und nach gebildet;

erst während dieser Kämpfe und durch diese Kämpfe wurde ihm Klarheit über manchen Punkt seiner Weltanschauung. Diese Erscheinung, die ihm bei so vielen den Vorwurf der Inkonsequenz und unklaren Verschwommenheit eingebracht hat, müssen wir auch in unserem Falle konstatieren. In seinen früheren Schriften, besonders in dem Gespräch „David Hume über den Glauben, oder Idealismus und Realismus", ist er sich noch nicht vollständig klar in Betreff der strengen Scheidung von Vernunft und Verstand, wie wir sie in seinen späteren Schriften so scharf durchgeführt finden; doch ist seine Meinung nicht misszuverstehen. Er selbst spricht sich in der aus späterer Zeit stammenden Vorrede zu dem oben genannten Gespräch darüber aus: „Was der Verfasser an dem Gespräch „Idealismus und Realismus", als einer früheren Arbeit, gegenwärtig auszusetzen findet, besteht darin, dass in demselben zwischen Verstand und Vernunft noch nicht mit der Schärfe und Bestimmtheit unterschieden wird, wie in den späteren Schriften des Verfassers. So lange das nicht geschah, blieb er in dem Doppelsinne des Wortes Vernunft, den er, um zu seinem Ziele zu gelangen, notwendig zuvörderst wegräumen musste, selbst befangen, und konnte seiner Grundlehre von einer über das Vermögen demonstrierender Wissenschaft sich erhebenden Kraft des Glaubens keine recht philosophische Haltung geben". Und weiter: „Diese Ansichten, die dem Verfasser erst in der späteren Zeit, unter den mancherlei Kämpfen um dieselben, vollkommen klar und zu bestimmten Erkenntnissen geworden sind, waren ihm damals, da er das Gespräch über Idealismus und Realismus herausgab, noch durch den Nebel herrschender Vorstellungen getrübt. Mit allen ihm gleichzeitigen Philosophen nannte er Vernunft, was nicht die Vernunft ist: das über der Sinnlichkeit schwebende, blosse Vermögen der Begriffe

Urteile und Schlüsse, welches unmittelbar aus sich schlechterdings nichts offenbaren kann."

Was ist nun dieser Verstand, der früher von Jacobi missverständlich auch Vernunft genannt wird? In den obigen Ausführungen ist uns bereits eine Definition gegeben: *Der Verstand ist das Vermögen der Begriffe, Urteile und Schlüsse.*

Gemäss dieser Definition ist es unmöglich, den Verstand zu den Erkenntnisquellen im eigentlichen Sinne des Wortes zu rechnen. „Der Verstand selbst, obgleich ein zweiter Erkenntnisquell genannt, ist in Wahrheit keiner, indem durch ihn Gegenstände nicht *gegeben*, sondern nur *gedacht* werden. Denken heisst urteilen. Urteilen aber setzt Begriff, Begriff Anschauung zum voraus." (Jacobi, David Hume über den Glauben, oder Idealismus und Realismus, Band II, pag. 31.)

Die *Objekte*, mit denen sich der Verstand als mit gegebenen befasst, sind die Anschauungen und Vorstellungen, die ihm durch die Sinneswahrnehmung gegeben werden. Ueber die Sinnlichkeit führt also der Verstand nicht hinaus; nur sinnliche Objekte vermag er in seinem Denken zu erfassen; auf die Sinnlichkeit allein ist er beschränkt. Darin beruht auch seine Unterscheidung von der Vernunft. „Es scheint auf den ersten Blick, als könnte eine scharf bestimmte Unterscheidung zwischen Verstand und Vernunft keine Schwierigkeit haben, da wir sie ja beständig, ohne dabei zu irren, machen, wenn wir zwischen Tier und Mensch im allgemeinen unterscheiden. Nie hat jemand von einer tierischen Vernunft gesprochen; einen bloss tierischen Verstand aber kennen und nennen wir alle. Wir erkennen auch in dem tierischen Verstande mancherlei Stufen. Wie hoch stellen wir nicht den Hund, das Pferd, den Elephanten über den Stier oder die Sau? Näher der Vernunft bringt aber keine dieser Stufen das

Tier, sondern alle, das vollkommenere, wie das unvollkommenere, entbehren sie in gleichem Masse, das ist schlechthin und durchaus.

Warum aber kann es einen bloss tierischen Verstand geben, der sogar zuweilen den menschlichen Verstand zu übertreffen scheint, und durchaus keine bloss tierische Vernunft? Eine gründliche Erörterung dieser Frage muss die Lösung des Rätsels mit sich bringen.

Das Tier vernimmt nur Sinnliches, der mit Vernunft begabte Mensch auch Uebersinnliches, und er nennt dasjenige, womit er das Uebersinnliche vernimmt, seine Vernunft, wie er das, womit er sieht, sein Auge nennt. Das Organ der Vernehmung des Uebersinnlichen fehlt dem Tiere, und wegen dieses Mangels ist der Begriff einer bloss tierischen Vernunft ein unmöglicher Begriff." (Vorrede zu „David Hume über den Glauben, oder Idealismus und Realismus", Band II, pag. 8 f.)

Daraus resultiert für uns unsere oben schon aufgestellte These, dass der Bereich des Verstandes die Sinnlichkeit ist. Er ist durch die Sinnlichkeit bedingt und bezieht mit seinem Denken sich auf dieselbe durchaus nur als Mittel. Auf der andern Seite hätten wir ohne den Verstand nichts an unsern Sinnen; „es wäre keine, sie in sich vereinigende Kraft, auch dem niedrigsten Tiere zu seinem lebendigen Dasein unentbehrlich." (Jacobi, Vorrede zu „David Hume über den Glauben, oder Idealismus und Realismus", Band II, pag. 26).

So ist also die *Thätigkeit* des Verstandes die, die mannigfaltigen Anschauungen und Vorstellungen der Sinnlichkeit zu vereinigen und ihre Mannigfaltigkeit zu vereinfachen durch Begriffe, Schlüsse und Urteile. Der Mensch nimmt durch seine Sinneswerkzeuge die Sinnesanschauungen und Sinneseindrücke auf, wie sie sich ihm gerade darbieten, ungeordnet und ohne einigendes

Prinzip. Aus dieser chaotischen Masse der sinnlichen Wahrnehmungen, der daraus entspringenden Vorstellungen und Erkenntnisse Gesamtbegriffe herauszuheben, die einigend das Einzelne unter sich befassen, mit diesen Begriffen Urteile zu bilden und durch Zusammenstellung solcher Urteile zu schliessen, das ist die logische Denkarbeit des Verstandes. Diese Aufgabe und Arbeit des Verstandes ist es, die uns Jacobi selbst in poetischer Sprache und Darstellungsweise schildert. „Die Sinne stellen uns bloss ihre eigenen Veränderungen, und nichts von dem, was sie verändert, dar: sie geben blos Empfindungen als solche. Der Verstand aber ist nun der Ort, wo die Empfindungen durch die Einbildungskraft, gleich als wären sie nicht bloss Empfindungen, gestaltet, und von ihr geführt, haufenweise nun zusammenkommen, und Art zu Art gesellet sich in Reihen niederlassen, um in einem gemeinschaftlichen Bewusstsein, welches der unempfindliche Verstand ist, ein gemeinschaftliches Gemüt einmütig einzurichten. Alle Stimmen der Empfindung fliessen nun sich gegenseitig aufrufend und antwortend, in einander, lösen wiederhallend in lauter Wiederhall sich auf, und mit diesem Echo ist nun das Gemüt vorhanden. Es tönet darin und wiedertönet; aber nichts er-tönet. Fraget das Gemüt sich selbst nach seinen Tönen; was da töne und woher? Woran es wiedertöne und womit? — nach der Unterscheidung und dem Leiter zwischen beiden? — so weiss es selbst auch nicht einmal, wonach es fraget. Aber die Frage ist in ihm und dauert ewig. Gerne vertilgte diese Frage der Verstand, und machte, um sie zu vertilgen, sein blosses Wiederhallen so allein und rein, dass auch nicht das mindeste von einem Schalle, der doch immer scheint als wollte er bedeuten, länger in ihm zu vernehmen wäre. Ihm, dem Verstande selbst, für sich allein betrachtet, sind beide, das Getöse und die Frage gleich zuwider;

Ottern in seinem Innern, die nicht sterben; Feuerflammen, welche nicht erlöschen.

Ohne Bild und Gleichnis! — Das mannigfaltige, veränderliche Wesen der Sinnlichkeit widerstehet dem einfachen, unveränderlichen Wesen des Verstandes. Seine Beziehung auf sie ist daher eine vertilgende, ihr Vieles und Mannigfaltiges aufhebende Beziehung; sein Streben überhaupt ein blosses Widerstreben gegen alles ausser ihm. Ueberall sucht er nur das Ende der Mühe, welche ihm die Sinnlichkeit wider seinen Willen macht. Daher jenes unaufhörliche Gleichsetzen, welches wir Verknüpfen nennen, und das nur ein fortgesetztes Vermindern und Vereinfachen des Mannigfaltigen ist, wenn es möglich wäre, bis zu seiner gänzlichen Wegräumung und Vernichtung. Weil eine solche gänzliche Vernichtung durch Vereinfachung unmöglich ist, darum allein bleibt der Verstand in Thätigkeit. An und für sich selbst unthätig, ohne Suchen und Verlangen, ohne Bedürfnis und Geschäft, will er, in gestörter Ruhe, ewig nur die ungestörte, müssige und leere, die er mit Verdruss entbehrt, wieder haben. Durch die Anfälle der Sinnlichkeit auf sie zu merken mit Gewalt genötigt, — ich sage mit Gewalt! denn da kein Anfang einer Handlung in ihm ist, kein freiwilliges Hervor, sondern nur ein immerwährendes Zurück- und Insichgehen: so ist auch kein freiwilliges Aufmerken in ihm: das freiwillige Aufmerken gehört dem wachsamen gerne erregten Sinne, — fühlt er jedesmal ein solches Ausser-sich-geraten, minder oder mehr mit Schrecken; ängstiget sich und arbeitet mit Anstrengung, um aufs schnellste nur wieder zu sich selbst zu kommen; strebet, wo er strebet, immerdar nur wieder einzugehen in sein eigenes, homogenes Wesen, das reine, bewusstseinlose Bewusstsein. Einzig und allein in jener Absicht macht er auch Begriffe. Sie entstehen ihm in dieser Angst, mit ihr und durch sie, als instinktmässige Erfindungen der Gegenwehr, als unmittelbare Aeusserungen der Antipathie seiner *einfachen* Natur wider die mannigfaltige der Sinnlichkeit. Mit Hülfe der Begriffe treibt er nun von dem auf ihn eindringenden Vielen und Mannigfaltigen so viel auf der Stelle wieder von sich aus, als Begriffe nur erfassen mögen. Ohne dies feindschaftliche Verhältnis und Bedürfnis wäre zu Begriffen im Verstande weder Grund noch irgend eine Möglichkeit. Aus Gunst also keineswegs befasset er sich mit dem Sinnlichen, etwa um es zu ordnen, einzurichten, oder — es gar erst zu bestimmen. Dies letzte hiesse, das Viele und Mannigfaltige verursachen, es ursprünglich hervorbringen: ein vollkommener Ungedanke, da das Mannigfaltige als Mannigfaltiges schon im voraus bestimmt sein muss, und der Verstand von seiner Seite nur auf das un-bestimmen, enteinzeln, entwesen und entwirklichen ausgeht. Er befasset sich damit aus Abgunst, um es künstlich aufzureiben, es stufenweise zu vernichten. Immer weitere Kreise des Begriffes ziehend, die für das Mannigfaltige der Sinnlichkeit zu immer engern des Daseins werden, will er es zuletzt in einem allerweitesten Begriffe, dem Begriffe eines wahren offenbaren Nichts gänzlich in sich untergehen und so dem leeren Erkenntniswesen ein Ende gemacht sehen." (Jacobi, „Ueber eine Weissagung Lichtenbergs", Band III, pag. 225 ff.) Das ist der Verstand; seine Arbeit: Verknüpfung des Mannigfaltigen; sein letztes Ziel: Einheit des Vielen.

Der Verstand tritt an seine Objekte heran, ausgerüstet mit dem Besitztum der *Erkenntnisse a priori*. Darunter versteht Jacobi Urteile und Schlüsse, entspringend aus Begriffen, die in jeder Erfahrung vollständig und dergestalt als das Erste gegeben sein müssen, dass ohne ihr Objektives kein Gegenstand eines Begriffes; und ohne ihren Begriff überhaupt keine Erkenntnis möglich wäre. Solche Begriffe a priori sind die Begriffe von Realität, Substanz, Individualität, von körperlicher Ausdehnung, von Succession, von Ursache und Wirkung.

Die *Deduction* dieser apriorischen oder allgemeinen und notwendigen Begriffe und Grundsätze geschieht auf folgende Weise: Zu unserm menschlichen Bewusstsein ist ausser dem empfindenden Ding noch ein wirkliches Ding, welches empfunden wird, nötig. Wir müssen uns von etwas unterscheiden: Also zwei wirkliche Dinge ausser einander oder Dualität.

Wo zwei erschaffene Wesen, die ausser einander sind, in einem solchen Verhältnis gegen einander stehen, dass eines in das andere wirkt, da ist ein ausgedehntes Wesen.

Mit dem Bewusstsein des Menschen und einer jeden endlichen Natur wird also ein ausgedehntes Wesen gesetzt und zwar nicht bloss idealisch, sondern *wirklich*.

Folglich muss auch überall, wo Dinge ausser einander sind, die in einander wirken, ein ausgedehntes Wesen wirklich vorhanden sein, und die Vorstellung eines *ausgedehnten Wesens* auf diese Weise muss allen endlichen empfindenden Naturen gemein sein, und ist eine objektiv wahre Vorstellung.

Wir fühlen das Mannigfaltige unseres Wesens in einer reinen Einheit verknüpft, die wir unser *Ich* nennen.

Das Unzertrennliche in einem Wesen bestimmt seine Individualität, oder macht es zu einem wirklichen Ganzen; und alle diejenigen Wesen, deren Mannigfaltigkeit wir in eine Einheit unzertrennlich verknüpft sehen, und die wir allein nach dieser Einheit unterscheiden können, (wir mögen nun annehmen, dass das Prinzip ihrer Einheit Bewusstsein habe oder nicht), werden *Individua* genannt. Dahin gehören alle organischen Naturen.

Wir können keinen Baum, keine Pflanze, als solche, das ist, ihr organisches Wesen, das Prinzip ihrer besonderen Mannigfaltigkeit und Einheit zerlegen oder teilen. Die menschliche Kunst vermag nicht Individua, oder irgend ein reales Ganzes hervorzubringen, denn sie kann nur zusammensetzen, so dass das Ganze aus den Teilen entspringt, und nicht die Teile aus dem Ganzen. Auch ist die Einheit, welche sie hervorbringt, bloss idealisch und liegt nicht in dem hervorgebrachten Dinge, sondern ausser ihm in dem Zwecke und Begriffe des Künstlers. Die Seele eines solchen Dinges ist die Seele eines andern.

Etwas der Individualität einigermassen Analoges nehmen wir in der körperlichen Ausdehnung überhaupt wahr, indem das ausgedehnte Wesen, als solches, nie geteilt werden kann, sondern überall dieselbige Einheit, die eine Vielheit unzertrennlich in sich verknüpft, vor Augen stellt.

Wenn Individua, ausser der immanenten Handlung, wodurch ein jedes sich in seinem Wesen erhält, auch das Vermögen haben, ausser sich zu wirken, so müssen sie, wenn die Wirkung erfolgen soll, andere Wesen mittelbar oder unmittelbar berühren

Ein absolut durchdringliches Wesen ist ein Unding.

Ein relativ durchdringliches Wesen kann, insofern es einem andern Wesen durchdringlich ist, dasselbe weder berühren noch von ihm berührt werden.

Die unmittelbare Folge der Undurchdringlichkeit bei der Berührung nennen wir den Widerstand.

Wo also Berührung ist, da ist Undurchdringlichkeit, folglich auch Widerstand, *Wirkung* und *Gegenwirkung*.

Der Widerstand im Raume, Wirkung und Gegenwirkung, ist die Quelle des *Successiven;* und der Zeit, welche die Vorstellung des Successiven ist.

Wo also einzelne, sich selbst offenbare Wesen, die in Gemeinschaft mit einander stehen, vorhanden sind, da müssen auch die Begriffe von Ausdehnung, von Ursache und Wirkung, und von Succession schlechterdings vorhanden sein.

Auf diese Weise werden die Begriffe a priori als solche deduziert, welche allen endlichen, sich selbst offenbaren Wesen gemein sind und auch in den Dingen an sich ihren vom Begriff unabhängigen Gegenstand, folglich eine wahre, objektive Bedeutung haben.

Die Grundbegriffe braucht man nicht zu *Vorurteilen* des Verstandes zu degradieren, damit sie von aller Erfahrung unabhängig werden, zu Vorurteilen, von denen wir geheilt werden müssten, dadurch, dass wir erkennen, dass sie sich auf nichts, was den Gegenständen an sich zukommt, beziehen, folglich keine wahre, objektive Bedeutung haben. Wir brauchen dieses nicht, weil die Grundbegriffe und Urteile weder von ihrer Allgemeinheit, noch von ihrer Notwendigkeit etwas verlieren, wenn sie aus dem, was allen Erfahrungen gemein sein und ihnen zu Grunde liegen muss, genommen sind; sie gewinnen im Gegenteil einen weit höheren Grad von unbedingter Allgemeinheit, wenn sie aus dem Wesen und der Gemeinschaft einzelner Dinge überhaupt können hergeleitet werden. (Diese ganze Deduktion betr. siehe im Gespräch, „David Hume über den Glauben, oder Idealismus und Realismus", Band II, pag. 208 ff.)

Das Resultat unserer Darlegung über den Verstand wäre in kurzem dieses: Der Verstand, kein eigentlicher Erkenntnisquell im strengsten Sinne des Worts, weil durch ihn Gegenstände nicht gegeben, sondern nur gedacht werden, ist das Vermögen der Begriffe, der Urteile und Schlüsse, das Vermögen, das die Anschauungen und Vorstellungen der Sinnlichkeit logisch ordnet, nach allgemeinen, nach ersten und allgemeinsten Begriffen strebt. Als Grundbegriffe, die allen endlichen, sich selbst offenbaren Wesen gemein sind, erkannten wir diejenigen, die aller Erfahrung zu Grunde liegen und Erstes sind; solche Begriffe sind die Begriffe von Realität, von Substanz, von Individualität, von körperlicher Ausdehnung, Succession, Ursache und Wirkung. Das ist der Grundbesitz des menschlichen Verstandes, des Vermögens, das nur in der Sinnlichkeit lebt und webt, nur in der Sinnlichkeit seine Wirkungsstätte und Arbeit findet.

„Philosophieren ist ein Bemühen, den Strom des Daseins und der Erkenntnis aufwärts zu fahren bis zu seiner *Quelle*." (Jacobi, „Fliegende Blätter", 1. Abteilung. Band VI, pag. 173.) Damit ist der Philosophie ihre Aufgabe so hoch und erhaben gestellt. Der Philosoph kann nicht bei Niedrigerem stehen bleiben; die Sinne mitsamt dem Verstande können aber offenbar dieser Forderung nicht Genüge leisten. Sie geben nur Erkenntnis der realen Aussen- und Sinnenwelt, aber eben diese Sinnenwelt bietet nur Objekte der Erkenntnis, die endlich und bedingt sind.

Weiter können wir niemals geführt werden durch anschauende Sinne und demonstrierenden Verstand. Bis an die Grenzen des Bedingten kann uns der Verstand führen, will er sich versteigen zum Uebersinnlichen, will er das Unbedingte sich aneignen auf dem Wege begrifflicher Demonstration, so überschlägt er sich und langt beim reinen Nichts an, während ihm das Uebersinnliche, Unbedingte unter der Hand entschlüpft.

Auf diesem Wege kann dem oben genannten Bemühen, vorwärts zu dringen auf dem Strom des Daseins und der Erkenntnis bis zu seiner Quelle, niemals Genüge gethan werden. Das philosophierende Individuum verlangt von seiner Philosophie mehr, als ihm Sinneswahrnehmung und Verstand bieten können; es muss dem Verlangen nach der höchsten aller Erkenntnis, der Gotteserkenntnis, beistimmen. „Gotteserkenntnis, Moral und Religion als Verbindung beider, sind die höchsten Zwecke der Vernunft und des menschlichen Daseins. Alles, womit die Philosophie sich sonst beschäftigt, dient blos als Mittel, um zu jenen Ideen: Gott, Freiheit und Unsterblichkeit zu gelangen und ihre Realität zu bewähren." „Ihr behauptet," so kann Jacobi seinen philosophierenden Zeitgenossen mit Recht zurufen, „die Vernunft würde ihre erste und letzte Absicht, den eigentlichen Gebrauch ihrer Kraft verlieren, und durch ihre Wirksamkeit den Menschen in ihm selbst nur zerstören und aufreiben, wenn sie nicht jenen Glauben an Gott, an Freiheit und Unsterblichkeit hervorzubringen, wahr zu machen, zu begründen vermöchte." (Jacobi, „Ueber das Unternehmen des Kriticismus, die Vernunft zu Verstande zu bringen." Band III, pag. 84 ff.)

Auch dieses Gebiet des Uebersinnlichen, Unbedingten, Absoluten bleibt dem Menschen nicht verschlossen; er hat eine Erkenntnisquelle auch für das Uebersinnliche: Das ist die *Vernunft*.

Wir wollen versuchen, darzulegen, was Jacobi unter „Vernunft" versteht. Vernunft ist das *Göttliche* im Menschen, und Herder hat Recht, wenn er in seinen „Briefen, das Studium der Theologie betreffend" (3. Teil, pag. 89. 90; in Jacobis gesammelten Werken Band IV¹, pag. 246) in geweihter Sprache von diesem Θεῖον im Menschen redet. „Wir haben einen Freund in uns, ein zartes Heiligtum in unserer Seele, wo die Stimme und Absicht Gottes lange Zeit sehr hell und klar wiedertönet. Die Alten nannten sie den Dämon, den guten Genius des Menschen, dem sie mit so vieler Jugendliebe huldigten, mit so vieler Ehrfurcht folgten.

Christus begreifts unter dem klaren Auge, das des Lebens Licht ist und den ganzen Leib licht macht. David bittet darum, als um den guten, freudigen Lebensgeist, der ihn auf rechter, ebener Bahn führe u. f. Mögen wir's nun Gewissen, inneren Sinn, Vernunft, den λόγον in uns nennen, oder wie wir wollen, genug, es spricht laut und deutlich, zumal in der Jugend, ehe es durch wilde Stimmen von aussen und innen, durch das Gebrause der Leidenschaft, und das Geschwätz einer klügelnden Unvernunft allmählich geschweigt oder irre gemacht wird. Wehe dem, bei dem es so stumm und irre gemacht ward! insonderheit dem Jünglinge und dem Kinde! Er wird allmählich ohne Gott in der Welt, geht wie ein irres Schaf umher, ohne gesunden, moralischen Sinn, ohne das Θεῖον in einer Sache des Lebens an sich und andern zu fühlen. Nur so viel haben wir von Gott und seiner Vorsehung, als wir beide lebendig erkennen, im Einzelnen und Allgemeinen. Je mehr wir es (ohne Schwärmerei und Seelenkälte) thätig ersehen, wie und wozu er mit uns handle, desto mehr ist er *unser*, unser allein. Lass nun einen Schwätzer und Zweifler dagegen sagen, was er will: *Erfahrung* geht über Geschwätz und Zweifel."

Entgegen aller materialistischen Weltanschauung gehört der Mensch nicht nur dem Natur- und Tierreich an, sondern ebenso unstreitig auch dem Geistesreich. Er ist „ein Bürger zweier verschiedener, wunderbarer Welten, die sich auf einander beziehen: einer sichtbaren und einer unsichtbaren, einer sinnlichen und einer übersinnlichen. Davon hat der Mensch ein Bewusstsein; er fühlt, dass er gleichsam in die Mitte gestellt ist zwischen das Sinnliche und Uebersinnliche, das Natürliche und Uebernatürliche. Einerseits weiss er sich der Natur unterworfen, andererseits fühlt er sich wieder über sie erhaben. Das, was in ihm sich über die Natur erhebt, seinen edleren, bessern Teil nennt er seine Vernunft." (Jacobi, „Von den göttlichen Dingen und ihrer Offenbarung", Band III, pag. 398 ff.)

Der Geist, der sich im Menschen über die Natur erhebt, ist keineswegs der Natur feindlich. „Er will nicht scheiden den Menschen von dem Menschen: eine solche Scheidung würde Vernichtung sein. Alles, was ist ausser Gott, gehört der Natur an, und kann nur im Zusammenhang mit ihr bestehen, denn alles ausser Gott ist endlich, die Natur aber ist der Inbegriff des Endlichen. Die Natur vernichten, würde demnach so viel heissen, als die Schöpfung vernichten wollen. Ein thörichter Wunsch, der aber von den Weisen dieser Erde auf's vielfältigste ausgesprochen worden ist. Auch in den neuesten Zeiten ist laut genug der Rat erschollen: Mensch, entschliesse dich, höre selbst zu sein auf, und lasse Gott allein sein, so ist dir geholfen, so bist du selig." (Jacobi, „Von den göttlichen Dingen und ihrer Offenbarung", Band III, 398 ff.)

Natur — der Anfang aller Dinge. Am Anfang, spricht die ehrwürdige älteste Sage, wie Jacobi die Schöpfungsurkunde nennt, am Anfang schuf Gott Himmel und Erde. Das Weltall entstand nach Erschaffung des Lichts, nach der Scheidung der einzelnen Elemente.

Gott sprach zu der Erde: Es lasse die *Erde* aufgehen Gras und Kraut, das sich besame, und fruchtbare Bäume. Und es geschah also.

Und Gott sprach zu den Wassern: Es errege sich das *Wasser* unter und über der Feste mit webenden und lebendigen Tieren. Und es geschah also.

Und wieder sprach Gott zu der *Erde:* Die *Erde* bringe hervor lebendige Tiere, ein jegliches nach seiner Art. Vieh, Gewürm und Tiere auf Erden, ein jegliches nach seiner Art. Und es geschah also.

Endlich sprach Gott, — nicht zu der Erde, nicht zu den Wassern, nicht zu der gesamten Natur, sondern — zu sich selbst sprach Gott: *Lasset uns* Menschen machen, unser Bild, Gestalt der Aehnlichkeit, die uns gleiche.

„*Gott selbst* schuf den Menschen und gab ihm unmittelbar aus seinem Geiste den *Geist*. Das ist der Mensch, dass in ihm ist der Odem Gottes des Allmächtigen, des Urhebers der Natur, des Beginnenden, des absolut Unabhängigen und Freien." (Jacobi, „Von den göttlichen Dingen und ihrer Offenbarung", Band III, pag. 400.)

Der Geist im Menschen ist unmittelbar aus Gott. *Geistes-Bewusstsein* aber heisst Vernunft. Also kann Jacobi mit Recht die Vernunft *ein Göttliches im Menschen* nennen.

Die Vernunft, dieses Göttliche im Menschen — neben der Sinneswahrnehmung das zweite Erkenntnisvermögen des Menschen ist als solches ein *Organ des Glaubens*. Hier tritt wiederum der von der Wissenschaft schon so vielfach bekämpfte und verunglimpfte Glaube auf; und wir haben uns hier wiederum zu fragen: Hat überhaupt der Glaube in der Philosophie ein Heimatrecht? Ist nicht der Gegensatz zwischen Wissen und Glauben ein längst konstituierter, ein Gegensatz, der fast immer in philosophischen Kreisen zu Ungunsten des Glaubens konstatiert wurde?

In dem Zustande noch unausgebildeter Kultur, worin oft ganze Völkerschaften lange verharren, zeigen sich Wissen und Glauben, die Zuversicht zu dem, was man sieht, und die noch festere und innigere zu dem, was man nicht sieht, dergestalt vermischt, dass sich aus dieser Vermischung all die Verirrungen zum rohen und feineren Fetischismus, zum Tier- und Gestirndienst, zu unzähligen Gattungen der Idololatrie und des Aberglaubens leicht erklären lassen. „So wie sich im menschlichen Bewusstsein die Wahrnehmungen des Sinnlichen von den Wahrnehmungen des Uebersinnlichen mit Klarheit zu unterscheiden anfangen, so beginnt Philosophie. Dunkel geschieht diese Unterscheidung auch schon im Kinde, das, noch in der Wiege, lallend Rede schon versucht und, wie die Mütter sprechen, mit den Engeln lächelt. Aber Jahrhunderte verfliessen, ehe ein Anaxagoras erscheint, welcher dem in seiner wissenschaftlichen Entwicklung so lange der Natur allein zugewandt gebliebenen Verstande den Weg einer höheren Entwicklung öffnet, den Weg der Erkenntnis eines über der Natur waltenden Geistes, einer schaffenden Intelligenz.

Die Wissenschaft, die allein der Natur zugewandt ist, ist leicht in Gefahr, den echten Glauben zu verlieren. Dennoch geht derselbe nicht verloren, richtet neben der Philosophie sich nur noch höher auf; es entstehet eine über die Naturlehre sich erhebende, den Naturbegriff durch den Freiheitsbegriff einschränkende Philosophie.

Der neben der Wissenschaft bestehende Glaube an ein Wesen, das nur Wunder thun kann und auch den Menschen wunderkräftig schuf, der Glaube an Gott, Freiheit, Tugend und Unsterblichkeit, dieser Glaube ist das Kleinod unseres Geschlechtes; er ist das unterscheidende Merkmal der Menschheit; er ist, dürfte man sagen, die vernünftige Seele selbst und deswegen nicht nur älter, als alle von Menschen erfundenen Systeme und gelehrten Künste, sondern auch als eine Kraft unmittelbar aus Gott, über sie alle wesentlich erhaben. Glaube ist die Abschattung des göttlichen Wissens und Wollens in dem endlichen Geiste des Menschen. Könnten wir diesen Glauben in ein Wissen verwandeln, so würde in Erfüllung gehen, was die Schlange im Paradiese der lüsternen Eva verhiess: wir würden sein wie Gott." (Zu dieser ganzen Darlegung cf. die Vorrede zu „David Hume über den Glauben, oder Idealismus und Realismus", Band II, pag. 55—63.)

Die Objekte des Glaubens dürfen, wie aus der Natur und dem Wesen des Glaubens hervorgeht, nicht nur als Ideen der praktischen Vernunft in die Philosophie eingeschwärzt werden, die Ideen Gottes und der göttlichen Dinge dürfen nicht nur als Postulate der praktischen Vernunft dargestellt werden, unser Glaube darf nicht nur ein Bedürfnisglaube sein. Der Glaube an die Welt des Uebersinnlichen hat festeren Grund und Boden.

Unser Glaube findet seine tiefste Begründung in unserm Gefühl, und so gilt auch hier, was oben schon von der Empfindung gesagt wurde, die unseres Erachtens für Jacobi identisch ist mit Gefühl: „Wir gestehen ohne Scheu, dass unsere Philosophie von dem Gefühle, dem objektiven nämlich und reinen, ausgeht, dass sie seine Autorität für eine allerhöchste anerkennt, und sich, als Lehre von dem Uebersinnlichen, auf diese Autorität allein gründet." (Band II, pag. 60.)

Im Gefühle allein giebt sich uns der Geist kund. Wenn jemand spricht, er wisse, so fragen wir mit Recht, woher er wisse. Unvermeidlich muss er dann am Ende auf eins von diesen beiden sich berufen: entweder auf Sinnes-Empfindung (von dieser haben wir im ersten Teil unserer Abhandlung geredet) oder auf Geistes-*Gefühl*. Von dem, was wir wissen aus Geistes-Gefühl, sagen wir, dass wir es glauben. So reden wir alle. An Tugend, mithin an Freiheit, mithin an Geist und Gott, kann nur geglaubt werden. *Glauben* ist gleich *Wissen aus Geistes-Gefühl*.

Dies Vermögen des Gefühls aber hängt auf's engste zusammen mit der Vernunft. „Das Vermögen der Gefühle, behaupten wir, ist im Menschen das über alle andern erhabene Vermögen; dasjenige, welches allein ihn von dem Tiere spezifisch unterscheidet, ihn der Art, nicht blos der Stufe nach, das ist unvergleichbar über dasselbe erhebt: *es ist*, behaupten wir, *mit der Vernunft eines und dasselbe;* oder, wie man auch mit Fug sich ausdrücken könnte: Es gehet uns das, was wir Vernunft nennen und über den blossen, der Natur allein zugewandten Verstand erheben, aus dem Vermögen der Gefühle einzig und allein hervor. Wie die Sinne dem Verstande in der Empfindung weisen, so weiset ihm die Vernunft im Gefühle. Die Vorstellungen des im Gefühle allein Gewiesenen nennen wir Ideen.

Verstand in einem gewissen Masse besitzen auch die Tiere, und müssen alle lebendigen Wesen besitzen, weil sie ohne verknüpfendes Bewusstsein, welches die Wurzel alles Verstandes ist, keine lebendigen Individuen sein können. Des *mit der Vernunft identischen Vermögens der Gefühle* aber, des unkörperlichen Organs für die Wahrnehmungen des Uebersinnlichen entbehren sie durchaus.

Wenn wir von einem Menschen sagen, er sei ohne alles Gefühl, so setzen wir ihn damit nicht bloss dem Tiere gleich, sondern stossen ihn noch unter dasselbe tief hinab, indem wir annehmen müssen, er habe, da er als Mensch von Natur damit begabt gewesen, es nur freiwillig von sich thun können. Deswegen können wir Tiere, obgleich der Erkenntnis des Guten, des Wahren und Schönen durchaus unfähig, dennoch lieben und mit ihnen wirklich in eine Art von freundschaftlichem Verhältnis treten; den Menschen aber, jener Erkenntnis nicht unfähig, sondern ihr widernatürlich entfremdet, betrachten wir entweder als eine ekelhafte Missgeburt nur mit Grauen, oder als ein satanisches Wesen nur mit Entsetzen und Abscheu.

Also noch einmal: Das Vermögen oder Unvermögen der Gefühle unterscheidet zwischen Tier und Mensch. Wo Vernunft nicht ist, da sind auch keine objektive, etwas ausser ihnen selbst dem Bewusstsein unmittelbar darstellende Gefühle; wo solche Gefühle sind, da ist unfehlbar auch Vernunft; da offenbaren sich und treten thätig hervor Freiheit, Tugend, Gotteserkenntnis, Weisheit und Kunst." (cf. auch zu dieser Darlegung die Vorrede zu „David Hume über den Glauben, oder Idealismus und Realismus", Band II, pag. 55—63.)

Glauben ist gleich dem Wissen aus Geistes*gefühl*. Das Vermögen des Gefühls ist identisch mit der Vernunft. Also können wir mit Recht die Vernunft ein *Organ des Glaubens* nennen.

Wie die körperlichen Wahrnehmungswerkzeuge dem Wahrnehmungsvermögen für die Sinnlichkeit zu Gebote stehen, so hat das Wahrnehmungsvermögen für das Uebersinnliche auch sein Organ, das unsichtbar ist, dem äusseren Sinne auf keine Weise sich darstellt, dessen Dasein uns allein kund wird durch Gefühle. Dieses Organ, ein geistiges Auge für geistige Gegenstände, ist von den Menschen — im Grunde allgemein — Vernunft genannt worden, so dass sie unter dem Worte Vernunft in Wahrheit nie etwas anderes verstanden haben, als eben dieses Organ.

Ist so die Vernunft bei Jacobi zu ihrem Rechte gelangt, als Organ des Glaubens Erkenntnisquelle für das absolut Wahre und Schöne und Gute zu gelten, so kann es uns nicht wundern, wenn sie bei ihm sich hoch über den Verstand erhebt, der für ihn nur Wegweiser in dem Chaos der Sinneswahrnehmungen ist. „Gleichwie am nächtlichen Himmel der Mond mit seinem erborgten Lichte das ganze Sternenheer überscheint und es überscheinend verdunkelt, sein Glanz aber, steigt die Sonne herauf über den Rand der Erde, verschwindet, weil das wahre Licht erscheint, durch welches er selbst nur leuchtete; so erlöschen eine Zeit lang die im Dunkel strahlenden Wahrnehmungen der Vernunft vor dem unvollkommenen Tage des Verstandes; aber sein Mondenlicht erbleicht, wenn die Herrschaft der Vernunfterkenntnis anbricht, und man wird inne, dass sein Schimmer von dem Lichtquell stammte, der zuvor unserm Gesichtskreis entzogen war." (Jacobi, Vorrede zu „David Hume über den Glauben, oder Idealismus und Realismus", Band II, pag. 100.)

Dürfen wir der Vernunft als Erkenntnisquelle trauen? Dürfen wir ihre Aussprüche als wahr hinnehmen und welche Bürgschaft haben wir dafür?

Können wir die Aussprüche und Resultate der Vernunfterkenntnis auf irgend welche Weise folgernd logisch beweisen? Nein, und ein logischer Beweis würde auch ganz und gar nicht zum vollständigen Beweis der Wahrheit genügen, denn bei dem blossen Folgern eines Urteils aus dem andern wird von der Wahrheit des Urteils abstrahiert; zum wirklichen Schlusse gehört das Bewusstsein der Wahrheit. In unserm eigenen Gefühl müssen wir unmittelbar überzeugt sein von der Wahrheit dessen, was uns die Vernunft als Erkenntnisquelle offenbart und darbietet; denn die oberste und letzte Quelle alles Fürwahrhaltens ist ein unmittelbares Vertrauen zu den Aussprüchen unseres Bewusstseins. Wenn dieses verloren geht, wird auch jenes gänzlich wegfallen. Die innere Ueberzeugung ist es, die immer als Gefühl die Stelle des letzten und höchsten Arguments vertritt.

So bedürfen wir denn für die *Gültigkeit* der Wahrnehmung des Uebersinnlichen durch die Vernunft keines weitern Unterpfandes; im Gefühl ist uns die Realität und Wahrheit solcher Wahrnehmung verbürgt. Wie die den äusseren Sinnen sich offenbarende Wirklichkeit keines Bürgen bedarf, indem sie selbst der kräftigste Vertreter ihrer Wahrheit ist; so bedarf auch die jenem tief inwendigen Sinne, den wir Vernunft nennen, sich offenbarende Wirklichkeit keines Bürgen: sie ist ebenfalls selbst und allein der kräftigste Zeuge ihrer Wahrheit. *Notwendig* glaubt der Mensch seinen Sinnen, *notwendig* glaubt der Mensch seiner Vernunft, und es giebt keine Gewissheit über der Gewissheit in diesem Glauben.

„Da man die Wahrhaftigkeit unserer Vorstellungen von einer jenseits dieser Vorstellungen und von ihnen unabhängig vorhandenen materiellen Welt wissenschaftlich darzuthun versuchte, verschwand den Demonstratoren der Gegenstand, den sie ergründen wollten, es blieb ihnen blosse Subjektivität, Empfindung übrig: sie fanden den Idealismus.

„Da man die Wahrhaftigkeit unserer Vorstellungen von einer jenseits dieser Vorstellungen vorhandenen, inmateriellen Welt, von der Substanzialität des menschlichen Geistes, und einem von dem Weltall selbst unterschiedenen freien Urheber dieses Weltalls, von einer mit Bewusstsein waltenden, das ist persönlichen, das ist allein wahrhaften Vorsehung wissenschaftlich erweisen wollte, verschwand den Demonstratoren ebenfalls der Gegenstand; es blieben ihnen blos logische Phantasmen: sie fanden den Nihilismus.

Alle Wirklichkeit, sowohl die körperliche, welche sich den Sinnen, als die geistige, welche sich der Vernunft offenbart, wird dem Menschen allein durch das Gefühl bewährt; es giebt keine Bewährung ausser und über dieser." (Jacobi, Vorrede zu „David Hume über den Glauben, oder Idealismus und Realismus", Band II, pag. 107.)

Wir sind damit schon übergegangen zu den *Substraten* unserer Vernunft, deren objektive Realität unabhängig von den Vorstellungen von ihnen, wie wir eben bewiesen haben, uns durch unser Gefühl verbürgt wird. Was diese Substrate oder Objekte sind, das geht auch schon klar aus dem hervor, was wir bisher über die Vernunft festgestellt haben. Die Vernunft geht hinaus über die Sinnenwelt als die Welt des Bedingten und Endlichen, und erhebt sich zum Unendlichen und Unbedingten, sie verlässt das Sinnliche und Natürliche und hat zu ihrem Objekte nur das Uebersinnliche und Uebernatürliche.

Alles das, was über die Natur hinausgeht, was zum Reich des Uebersinnlichen gehört und damit Erkenntnisobjekt der Vernunft ist, fasst Jacobi mit dem einen Ausdruck „*das Wahre*" im Gegensatze zu den „Erscheinungen" zusammen. „Ich verstehe", so sagt er selbst, „unter dem Wahren etwas, was vor und ausser dem Wissen ist, was dem Wissen und dem Vermögen des Wissens, der Vernunft, erst einen Wert giebt.

Vernehmen setzt ein Vernehmbares, Vernunft das Wahre zum voraus, sie ist das Vermögen der Voraussetzung des Wahren. Eine das Wahre nicht voraussetzende Vernunft ist ein Unding. Wo diese Weisung auf das Wahre fehlt, da ist keine Vernunft. Diese Weisung, die Nötigung, das ihr nur in Ahndung vorschwebende Wahre als ihren Gegenstand, als die letzte Absicht aller Begierde nach Erkenntnis zu betrachten, macht das Wesen der Vernunft aus. Sie ist ausschliessend auf das unter den Erscheinungen Verborgene, auf ihre Bedeutung gerichtet; auf das Sein, welches einen Schein nur von sich giebt, und das wohl durchscheinen muss in den Erscheinungen, wenn diese nicht Ansich-Gespenster, Erscheinungen von Nichts sein sollen.

Dem wahren Wesen, auf welches die Vernunft ausschliessend als auf ihren letzten Zweck gerichtet ist, setzt sie Wesen der Einbildungskraft kontradiktorisch entgegen. Sie unterscheidet nicht bloss zwischen Einbildungen und Einbildungen, etwa notwendigen und freien, — sondern absolut. Sie setzt entgegen wahres Wesen dem Wesen der Einbildungskraft, wie sie das Wachen dem Träumen entgegensetzt. Mit dieser unmittelbaren, apodiktischen Unterscheidung zwischen Wachen und Träumen, zwischen Einbildung und wahrem

Wesen, steht oder fällt die Vernunft." (Jacobi an Fichte, Band III, pag. 32.)

Dasselbe meint er, wenn er in seiner Vorrede zu „David Hume über den Glauben, oder Idealismus und Realismus" sagt (Band II, pag. 101): „Alles Philosophieren gehet aus von einer dem Menschen innewohnenden Sehnsucht nach einer Erkenntnis, die er die Erkenntnis des *Wahren* nennt, ohne sich selbst genügend erklären zu können, was ihm dieses über alles bedeutende Wort denn eigentlich bedeute. Er weiss es und weiss es nicht. Das, womit er es weiss, nennt er seine Vernunft; das, womit er es nicht weiss, aber es zu erforschen bemüht ist, seinen Verstand.

Die Vernunft setzt jenes Wahre schlechthin voraus, wie der äussere Sinn den Raum, der innere die Zeit, und besteht nur als das Vermögen dieser Voraussetzung, so dass, wo diese Voraussetzung nicht ist, auch keine Vernunft ist. Das Wahre muss also dem Menschen, so gewiss er Vernunft besitzt und ihn das, was er so nennt, nicht bloss bethört, auf irgend eine, wenn auch noch so tief inwendige Weise gegenwärtig sein und von ihm erkannt werden."

Das schlechthin *Wahre* ist das Objekt der Vernunfterkenntnis.

Der Inbegriff dieses schlechthin Wahren ist *Gott*. Darum ist *Gotteserkenntnis* die Aufgabe der Vernunftwahrnehmung. „Das ist der Geist des Menschen, dass er Gott erkennt, dass er ihn wahrnimmt, den Verborgenen ahndet in der Natur, in seiner Brust ihn vernimmt, ihn anbetet in seinem Herzen. Das ist seine Vernunft, dass ihm das Dasein eines Gottes offenbarer und gewisser, als das eigene ist. Sie ist nicht, wo diese Offenbarung nicht ist." (Jacobi, „Ueber eine Weissagung Lichtenberg's", Band III, pag. 202.)

So kann Jacobi die Vernunft personifiziert sich selbst preisend sagen lassen: „Nicht Phantasie, ein Wesen der Wahrheit, ihre unmittelbare Stimme bin ich, und es wäre auch nicht ein Gerücht von ihr auf Erden ohne mich. Wer mein erstes Wort vertilget, der vertilget alle meine Worte: Ich rede nur von Gott. Nur als ein Zeichen von ihm, als ein Merkmal, welches auf ihn weiset, bin ich da: Wesenlos, ein Unding ohne *Ihn*." (Jacobi, „Ueber eine Weissagung Lichtenberg's", Band III, pag. 224.)

Weil die Vernunft ihrem tiefsten Ursprunge nach als Geistes-Bewusstsein das Θεῖον im Menschen ist und von Gott stammt, so ist Vernunft haben und von Gott wissen ein und dasselbe, wie es ein und dasselbe ist, von Gott nicht wissen und Tier sein.

Die Idee Gottes ist die höchste Idee, in die all die höheren Ansichten, Begriffe und Ideen zusammenfliessen und ausmünden, die als der edlere Teil unseres Ich in unserer Brust leben, von denen wir spüren, dass sie nichts mit dieser Welt des Sinnlichen gemein haben. Dahin sind zu rechnen die Begriffe der Gerechtigkeit, des Schönen und des Guten, und wie sonst diese „göttlichen Dinge" alle heissen mögen. Unser Blick erweitert sich, wir sehen hinein in jenes Gebiet, das über der Natur und übersinnlich ist, in jenen Reichtum von Begriffen und Ideen, die der Endlichkeit und Bedingtheit der Sinnenwelt entnommen sind, als deren höchste wir gewohnt sind Gott, Freiheit und Unsterblichkeit zu bezeichnen. Das ganze Gebiet des Uebersinnlichen, das seine zusammenfassende Einheit findet in dem Begriffe des persönlichen Gottes, dies ganze Gebiet ist als Erkenntnisobjekt der menschlichen Vernunft erschlossen, als eine Welt objektiv-realer, unbedingter, unendlicher, absoluter Grössen.

Wir haben uns nun noch kurz die Frage zu beantworten, *wie* diese Vernunfterkenntnis zustande kommt, auf welche Weise sich die Vernunft die Substrate ihres Erkennens aneignet.

Die Vernunfterkenntnis geschieht durch *unmittelbare Anschauung*. „Die Vernunft schafft keine Begriffe, erbaut keine Systeme, urteilet auch nicht, sondern ist, gleich den äusseren Sinnen, blos offenbarend, positiv verkündend.

Das vor allem andern ist festzuhalten: Wie es eine sinnliche Anschauung giebt, eine Anschauung durch den Sinn, so giebt es auch eine rationale Anschauung durch die Vernunft. Beide stehen als eigentliche Erkenntnisquellen einander gegenüber, und es lässt sich ebenso wenig die letztere aus der ersteren, als die erstere aus der letzteren ableiten. Ebenso stehen beide zu dem Verstande, und insofern auch zu der Demonstration in gleichem Verhältnis. Der *sinnlichen* Anschauung entgegen gilt keine Demonstration, indem alles Demonstrieren nur ein Zurückführen des Begriffes auf die ihn bewährende (empirische oder reine) sinnliche Anschauung ist; diese ist in Beziehung auf Naturerkenntnis das Erste und Letzte, das unbedingt Geltende, das Absolute. Aus demselben Grunde gilt auch keine Demonstration wider die rationale oder Vernunftanschauung, die uns der Natur jenseitige Gegenstände zu erkennen giebt, das heisst ihre Wirklichkeit und Wahrheit uns gewiss macht.

Wir müssen den Ausdruck Vernunft-Anschauung gebrauchen, weil die Sprache keinen andern besitzt, um die Art und Weise anzudeuten, wie dem Verstande das den Sinnen Unerreichbare in überschwänglichen Gefühlen allein, und doch als ein wahrhaft Objektives, — das er keineswegs blos erdachte, — zu erkennen gegeben wird." (Jacobi, Vorrede zu „David Hume über den Glauben, oder Idealismus und Realismus", Band II, pag. 58 ff.)

Auf Grund dieser Erklärung werden wir es begreifen, warum Jacobi in der Zeit, als er noch nicht streng unterschied zwischen Vernunft und Verstand, als er noch annahm, Vernunft und Verstand seien unter zwei Namen doch in Wahrheit dasselbe, nur das blosse Reflexionsvermögen, die im Bilden von Begriffen und Begriffen von Begriffen, von Urteilen und Schlüssen sich äussernde Spontaneität der Vorstellungskraft, also besonders in dem Gespräch über Idealismus und Realismus, warum er da diese Vernunft mit dem Ausdruck „Sinn" benennt, da sie ja analog den äusseren Sinnen unmittelbar auf dem Wege der Anschauung sich der übersinnlichen Objekte bemächtigt. „Scharf und viel fassender, anhaltend strebender, tief eindringender *Sinn* — das Wort Sinn in dem ganzen Umfange seiner Bedeutung (als Wahrnehmungsvermögen überhaupt) genommen, — das ist die edle Gabe, die uns zu vernünftigen Geschöpfen macht, und deren Mass den Vorzug eines Geistes vor dem andern bestimmt. Die reinste und reichste Empfindung hat die reinste und reichste Vernunft zur Folge. Jeden sich selbst beobachtenden Forscher muss die eigene Erfahrung gelehrt haben, dass er bei seinem Forschen keine Kraft des Unterscheidens, des Vergleichens, des Urteilens und Schliessens, sondern einzig und allein die Kraft seines Sinnes anstrengt, um seine Vorstellungen so deutlich zu machen, als sie werden können. Mit aller Gewalt hält er die Anschauung fest, sinnt und sinnt, und zieht sie sinnend immer dichter an das Auge seines Geistes. Und wie ein lichter Punkt hervorspringt, ruht die Seele einen Augenblick, um ihn leidend aufzunehmen. Leidend empfängt sie jedes Urteil, das in ihr entsteht. In willkürlicher Anschauung, Betrachtung allein ist sie thätig." (Band II, pag. 270.) Wenn auch noch unklar, so ist doch das Bestreben Jacobi's wahrzunehmen, ein Vermögen festzustellen, welches das Uebersinnliche durch

Anschauung begreift und sich zu eigen macht: hier nennt er es Sinn, später Vernunft.

Eine Wissenschaft im eigentlichsten Sinn des Worts vom Uebersinnlichen können wir auf die Vernunfterkenntnis niemals gründen; würden wir die Glaubensgegenstände, die wir durch die anschauende Vernunft unser eigen nennen, in ein Wissen nach unserm Begriff umwandeln können, dann würden wir, wie schon bemerkt, sein wie Gott. „Mit seiner Vernunft ist dem Menschen nicht das Vermögen einer Wissenschaft des Wahren, sondern nur das Gefühl und Bewusstsein seiner Unwissenheit desselben: *Ahndung* des Wahren gegeben." (Jacobi an Fichte, Band III, pag. 32.)

Hören wir zum Schluss einige Worte aus dem Vorbericht zu dem vierten Bande der gesamten Werke Jacobi's, die uns wohl am besten klar machen, wie er sich das Wesen und die Thätigkeit der Vernunft denkt, die uns auch wohl durchblicken lassen, warum seine ganze Gemütsverfassung, persönliche Stellung und Anlage eine solche unmittelbare, anschauende Vernunfterkenntnis einen solchen kühnen Griff ins Gebiet der Methaphysik hinein unbedingt erforderte: „Vernunft, als Wahrnehmung und Voraussetzung Gottes, weiss im Menschen das Höchste."

„Es muss ausgegangen werden von Gefühl und Anschauung, es giebt durchaus keinen bloss spekulativen Weg zum Innewerden Gottes, die Spekulation mag bloss hinzutreten und durch ihre eigene Beschaffenheit erhärten, dass sie für sich leer ist ohne jene Offenbarungen, und sie nicht bestätigen, nicht sie begründen kann. Weil sie aus sich selbst nur zu einer geistlosen Notwendigkeit, einer Substanz gelangt, so ist nur über sie vermittelst eines Sprunges, den ich Salto mortale genannt habe, hinwegzukommen; es ist aber die geistlose Notwendigkeit und Substanz die Schwungfeder, welche mich hebt vermöge eines festen und kräftigen Auftretens auf dieselbe. Der Geist widerspricht allmächtig dem Urteil, dass die geistlose Substanz Alles und dass ausser ihr nichts sei." „Wer von der Natur ausgeht, mit ihr anfängt, findet keinen Gott; er ist der Erste oder er ist gar nicht. Hat nun meine Philosophie dieses zur Sprache gebracht, hat sie den besten Weg gewiesen, und machte sie dadurch nach den Zeugnissen mancher Männer eine bleibende Epoche, so besteht darin ihr wissenschaftlicher Wert. Eine Wissenschaft des logischen Enthusiasmus konnte sie nicht fördern wollen.

„Menschheit, wie sie ist, erklärlich oder unerklärlich, auf das Gewissenhafteste vor Augen zu stellen", war ihr Zweck. Sie musste beginnen mit den ursprünglichsten Offenbarungen der Seele, welche mehr sind und höher, als die gesamte Natur der Dinge, welche den Menschen annehmen lassen, dass er sich in einem Zustande der Gesunkenheit befinde, und ein im Verstande verlorenes Licht wiederzuerwerben habe. Er ist mit Finsternis umgeben; seine Vernunft, sich entwickelnd, vertreibt diese Finsternis nicht; aber die Kraft des vernünftigen Lebens siehet durch sie hindurch, sie wird von der Finsternis nicht verschlungen, gleichwie das bewaffnete Auge des Astronomen im Nebel der Milchstrasse ein zahlloses Heer von Sternen erblickt. Erkenne dich selbst, ist nach dem delphischen Gott und nach Sokrates das höchste Gebot, und sobald es in Anwendung kommt, wird der Mensch gewahr: Ohne göttliches Du sei kein menschliches Ich und umgekehrt.

Dieses Hindurchsehen durch Nebel und Finsternis ist die Macht des Glaubens; er ist deshalb ein Urlicht der Vernunft, welches der wahre Rationalismus als das seinige anerkennt Vertilge den ursprünglichen Glauben und alle Wissenschaft wird hohl und leer, kann wohl sausen, aber nicht reden und antworten. Er ist eine feste Zuversicht zu dem, was man nicht sichet. Wir sehen nie das Absolute, wir glauben es. Das Nichtabsolute, das Bedingte sehen wir und nennen dieses Sehen eine Wissenschaft." „Die wahre Wissenschaft ist der von sich selbst und von Gott zeugende Geist. Wie ich von der Objektivität meiner Gefühle des Wahren, Schönen, Guten und von einer die Natur beherrschenden Freiheit überzeugt bin, so bin ich von dem Dasein Gottes überzeugt, und sowie diese Gefühle ermatten, so ermattet auch der Glaube an Gott.

Die Wissenschaft des „Nichtwissens" besteht daher in der Erkenntnis, dass alles menschliche Wissen nur Stückwerk sei, und notwendig Stückwerk bleiben müsse; sie ist ein wissendes Nichtwissen. Ueber dieses Stückwerk hinweg und hinauf führt nur der Glaube an die mit *Vernunft* uns zuteil gewordene Offenbarung.

Die Vernunft bejaht, was der Verstand verneint. Inzwischen kann der Verstand die Bejahung nicht auf die Seite bringen, ohne dass ihm alles in geistlose Notwendigkeit versinkt. Also das Nichts oder ein Gott. Der Verstand, wenn er nicht geradezu der Vernunft den Rücken zukehrt, hat ein nichtwissendes Wissen von Gott." (cf. Band IV[1,2], pag. XXXVI ff. der Vorrede.)

Vernunft, das Bewusstsein des göttlichen Geistes im Menschen, vermittelt uns als Organ des Glaubens offenbarungsmässig durch Anschauung die objektivrealen, absoluten Objekte der übersinnlichen Welt; sie ist das Geistesauge des Menschen, das mit heiligem Schauer hineinblickt in jene Sphären des Absoluten und Ewigen, von woher allein Licht fällt in unsere Welt des irdischen Dunkels.

Wenn wir das, was Jacobi über die Vernunft sagt, betrachten, so finden wir, dass gerade diese Erörterung die Schwäche seines Systems ist, indem sie eine scharf fixierte Präzision der Begriffe vermissen lässt und diesen Mangel durch eine Häufung bildlicher Ausdrücke auszugleichen sucht. Die Existenz der Vernunft als eines integrierenden Bestandteiles des Erkenntnisvermögens erscheint in der Erkenntnistheorie Jacobi's keineswegs als ein notwendiges Phänomen, vielmehr finden wir, dass der Philosoph einen deduktiven Weg geht. Einerseits teilt er nämlich unter der stillschweigenden Voraussetzung der Realität des Transcendenten der Philosophie die an sich diskutable Aufgabe zu, dieses Transcendente zu erkennen, und glaubt, dem philosophierenden Subjekt die Fähigkeit zuschreiben zu müssen, diese Aufgabe zu erfüllen. Andrerseits — und dieser zweite Grund hängt mit dem ersten notwendig zusammen — setzt er sich in bewusste Opposition gegen Kant.

Das Eigenartige des Vernunftbegriffs Jacobi's wird erst klar durch einen Vergleich mit der Erkenntnistheorie Kant's. Kant stellt die Existenz eines Transcendenten in Frage. Seine als Postulate der praktischen Vernunft erscheinenden Ideen: Gott, Freiheit und Unsterblichkeit sind keine konstitutiven Grössen, über deren Sein sich irgend etwas bestimmen liesse. Er negiert direkt die Erkennbarkeit dieser methaphysischen Objekte auf dem Wege erkenntnismässiger Forschung. Kants transcendente Dinge sind regulative Ideen für unser Denken und Handeln, notwendig postuliert für unsern Denkhaushalt. Er kommt auf einem deduktiven Wege zur Aufstellung dieser Ideen. Zu diesen Auffassungen Kants stellt sich Jacobi in einen bewussten Gegensatz. Zunächst giebt es für ihn eine reale, transcendente Welt, sodann kann die Realität derselben erkannt werden. Das Organ der Erkenntnis intelligibler Dinge ist die Vernunft, das Medium derselben unmittelbare Intuition. Der Unterschied zwischen der Vernunftlehre Kants und der Jacobi's ist somit der:

1) Das *Objekt* der Erkenntnis betreffend. Die theoretische Vernunft Kants hat als Objekt ihrer Erkenntnis nur das Weltbild, wie es der Verstand liefert, und zwar gewinnt sie ihre Ideen auf dem Weg logischer Abstraktionen und Schlüsse, Funktionen, welche Jacobi dem Verstande zuweist. Die Vernunft Jacobi's hat als Objekt ihrer Erkenntnis nur das Transcendente und zwar erkennt sie dessen Dasein und Sosein auf dem Wege unmittelbarer Intuition.

2) Das *Wesen der Erkenntnisobjekte* betreffend. Das Transcendente ist bei Kant einerseits in seiner Wirklichkeit zweifelhaft, als eine Summe von Ideen, andrerseits nicht intellektuell erkennbar, sondern moralisch postuliert. Das Transcendente ist bei Jacobi einerseits in seiner Wirklichkeit unmittelbar gewiss, als ein Komplex von Realitäten, andrerseits intellektuell erkennbar durch unmittelbare Intuition.

3) Das *Wesen des Erkenntnisfaktors* betreffend. Die Vernunft Kants hat als theoretische und praktische eine intellektuelle und moralische Funktion. Die Vernunft Jacobi's ist eine intellektuelle Grösse und zwar im Unterschied von Kant nicht eine formale Seite des Erkennens, sondern ein selbständiger, gewissermassen transcendenter Faktor von intellektueller Kraft in der Seele.

Der *Unterschied* beider Vernunfttheorien lässt sich dahin zusammenfassen: Kant weist seiner Vernunft als intellektueller Fähigkeit ein kleineres Erkenntnisgebiet zu, aber er beweist unwiderleglich die Möglichkeit und Zuverlässigkeit des Erkennens. Das Erkenntnisgebiet Jacobi's ist grösser, aber allein die unmittelbare Gewissheit von dem Dasein und Sosein des zu Erkennenden ist eine Behauptung ohne Beweis. Die *Aehnlichkeit* beider Vernunftlehren besteht einesteils darin, dass sie die Vernunft als ein spezifisches Erkenntnisorgan neben der Sinneswahrnehmung und dem Verstand festhalten, andernteils, dass das Transcendente nicht vermöge logischer Deduktion erkannt werden kann, sondern unmittelbar gewiss ist, bei Jacobi als reales Objekt, bei Kant als subjektive Idee, unmittelbar gewiss bei Jacobi durch die Aussagen des fühlenden, bei Kant durch die Forderungen des moralischen Subjekts.

Die Opposition Jacobi's entstammt dem religiösen Bedürfnis und hat den ausgesprochenen Zweck, das Uebersinnliche zu retten, während Kant die Thatsachen, die Objekte und die Formen des Erkennens kritisch untersucht, ohne jede Rücksicht auf die daraus sich ergebenden Konsequenzen.

Wenn wir die ganze Erkenntnistheorie Jacobi's innerhalb der erkenntnistheoretischen Betrachtung seiner Zeit in's Auge fassen, so erscheint uns dieselbe als ein Versuch, eine Synthese herzustellen zwischen den Resultaten der Spekulation und des formalen Erkennens und den Postulaten des religiösen Gefühls und der moralischen Kraft. Der scheinbar unaufhebbare Dualismus zwischen Denken und Sein, der auch in der Erkenntnistheorie Kant's bleibt, soll aufgehoben werden durch die Konstruktion eines Erkenntnisfaktors, der ebenso das Sein, das heisst die Realität des Transcendenten postuliert, als er die intellektuelle Erkennbarkeit desselben, das heisst die Funktion des Denkens in der Form einer geistigen Apperception ermöglicht. Dieser Erkenntnisfaktor, den er Vernunft nennt, ist das spezifisch Eigenartige in der Erkenntnistheorie Jacobi's.

Quellen-Verzeichnis.

1) **Friedrich Heinrich Jacobi's Werke.** Leipzig 1812, 6 Bände.

2) **F. W. J. Schelling's** Denkmal der Schrift von den göttlichen Dingen etc. Tübingen 1812.

3) **Falckenberg, Dr. Richard,** Geschichte der neueren Philosophie. Leipzig 1886.

4) **Ueberweg, Friedrich,** Grundriss der Geschichte der Philosophie der Neuzeit. 6. Auflage. Berlin 1883.

5) **Windelband, Dr. W.,** Die Geschichte der neueren Philosophie. 1. Band. Leipzig 1878.